Sans peur et sans reproche

Hervé Ponsot

Sans peur et sans reproche

Méditation biblique sur la peur

Nihil Obstat
Jean-Miguel GARRIGUES o.p.
Denys SIBRE o.p.

Imprimi Potest
Toulouse le 1er décembre 2020
Olivier de SAINT-MARTIN o.p.
Prieur provincial

Edition : BoD - Books on Demand
12/14 Rond-Point des Champs Elysées
75008 Paris
Imprimé par BoD – Books on Demand, Norderstedt
ISBN : 978-2-322259908
Dépôt légal : Décembre 2020

Photo de couverture : statue du chevalier de Bayard, 38530 Pontcharra

INTRODUCTION

Pour un public francophone, « Astérix chez les Normands » rappellera une lecture savoureuse parmi les nombreuses bandes dessinées de la série. Rappelons qu'il s'agit d'évoquer l'arrivée, près du village où résident nos héros, Astérix et Obélix, d'une troupe de Normands désireux de connaître enfin la peur : le chef normand, Olaf Grossebaf, a en effet appris « que la peur donne des ailes ». Mais comme on le sait depuis le début de la série, Astérix et Obélix ne connaissent pas non plus la peur… Je passe sur les péripéties rapportées dans le volume, auquel je renvoie mon lecteur, et rappelle simplement que les Normands vont finir par connaître ce qu'ils étaient venus chercher, la peur.

Le chevalier Bayard, connu pour être « sans peur et sans reproche », serait-il un descendant normand, miraculeusement épargné par la peur ? Je ne sais pas ce qu'il en fut réellement de cette figure quant au reproche, mais on peut certainement lui faire bénéfice d'avoir toujours été à la pointe du combat face à l'ennemi : et pas seulement l'ennemi physique, mais aussi sanitaire, telle la peste.

Ce qui m'intéresse dans son cas est évidemment le lien qu'on établit entre l'absence de reproche et celle de peur : puisque nous appartenons au monde du péché, nous est-il possible de vivre sans cette peur, qui semble si naturelle ?

Alors, Bayard ou Grossebaf ? Qui a peur, qui n'a pas peur et pour quelles raisons ? Il me semble a priori que cette peur est sans doute, autant ou plus que le bon sens, la chose au monde la mieux partagée.

Dans un premier temps, je vais en souligner la présence dans une diversité de formes. Dans un deuxième temps, j'éclairerai cette présence en m'appuyant sur la Bible pour montrer qu'elle est inhérente à la nature humaine et qu'elle remonte aux origines de l'homme. Dans un troisième et dernier temps, j'indiquerai quelques directions pour vivre avec cette peur, ou mieux encore la maîtriser, en particulier avec l'exemple qu'en donne saint Paul.

QUELQUES MANIFESTATIONS COMMUNES DE LA PEUR

D'emblée, il me faut dire ce que j'entends par le terme de peur. De très nombreuses publications sont disponibles sur ce sujet, la majorité émanant de psychologues ou psychiatres : à les parcourir, force est de constater que leurs auteurs s'intéressent en priorité à ses manifestations, sans y trouver d'autres origines que psychologiques.

Pour ma part, je vois dans la peur une forme de « refus », volontaire ou non, de certaines réalités considérées comme menaçantes pour l'individu. Parmi lesquelles la question du manque est originaire : je la retrouve dans toutes les formes de peur.

La peur de la maladie

En ce temps de pandémie, la peur de contracter le virus appelé COVID 19 est partout. Sans que nul ne sache pour combien de temps, ni comment y parer, ni où ce virus peut conduire. Il fait suite à d'autres, il en précède sans doute d'autres. Les interprétations les plus contradictoires, parfois les plus folles, circulent sur l'origine du virus, sa diffusion réelle, son pouvoir létal.

Ces incertitudes ne font que renforcer le pouvoir de nuisance du virus et la peur qu'il fait naître. En France, on nous rapporte que nombreux sont ceux qui multiplient les demandes de détection, sans raison évidente et pour le plus grand malheur et déficit de la Sécurité sociale puisque toutes les demandes sont actuellement satisfaites et remboursées.

Plus grave, il semble que les traitements de bien d'autres maladies en cours, aussi graves et plus létales que la COVID 19, ne serait-ce que le cancer, ont été différées dans le temps.

Je ne vais pas m'étendre sur cette pandémie en cours, sur sa douteuse gestion, sur l'ignoble manière dont ont été traitées et sont encore traitées les personnes âgées dans nombre d'EHPAD, sur ses conséquences économiques etc. Tout cela nous montre la peur du « défaut de santé » engendrée par une épidémie, et la désorganisation qui s'ensuit à tous niveaux.

La peur de la mort

Plusieurs commentateurs l'ont souligné, derrière la peur du virus, c'est la peur de la mort, autrement dit « le défaut de vie », qui s'est surtout manifestée. Voici les mots de l'excellent livre d'Olivier Rey, au titre si expressif et si juste, *L'idolâtrie de la vie* :

« Que la vie en tant que simple fait d'être en vie soit devenue aujourd'hui objet d'idolâtrie résulte pour partie, d'un transfert sur la vie ainsi entendue d'enjeux religieux. Pour partie seulement : le phénomène est, également, l'envers d'une panique, la panique devant la souffrance et la mort. » (p. 46)

Mais sur un tel sujet, devenu banal, je vais reprendre les mots d'une psychologue de renom, Marie de Hennezel, qui a tant fait pour la « prise en charge de la mort », et qui écrit, dans un article du journal *Le Monde* paru le 4 mai 2020 :

« Si le déni de mort est une des caractéristiques des sociétés occidentales, l'épidémie due au SARS-CoV-2 illustre son paroxysme. Depuis la seconde guerre mondiale, ce déni n'a fait que s'amplifier, avec le progrès technologique et scientifique, les valeurs jeunistes qui nous gouvernent, fondées sur l'illusion du progrès infini, la promotion de l'effectivité, de la rentabilité, du succès. Il se manifeste aujourd'hui par une mise sous silence de la mort, une façon de la cacher, de ne pas y penser, avec pour conséquence une immense angoisse collective face à notre condition d'être humain vulnérable et mortel.

Ce déni de la mort a eu trois conséquences. D'abord au niveau individuel, il n'aide pas à vivre. Il appauvrit nos vies. En faisant comme si la mort n'avait pas d'incidence sur notre manière de vivre, nous croyons vivre mieux, mais c'est l'inverse qui se produit. Nous restons souvent à la surface des choses, loin de l'essentiel. Ensuite, ce déni entretient une illusion, celle de la toute-puissance scientifique et technologique, celle du progrès infini. Avec ce fantasme incroyable : imaginer qu'un jour on pourrait avoir raison de la mort. Enfin, le déni de la mort nous conduit à ignorer tout ce qui relève de la vulnérabilité. Il est responsable d'une perte d'humanité, d'une perte de la culture de l'accompagnement, avec les souffrances qui y sont associées. »

Imaginer qu'un jour, on pourrait avoir raison de la mort, quelle vanité ! Sur mon blog *Proveritate*[1], j'ai dénoncé à plusieurs reprises cette illusion qui se traduit dans une vision prométhéenne de l'existence, fondée sur la technique. Car ce sont les prouesses, et en même temps les vanités de cette dernière qui nous trompent et nous conduisent sur une voie sans issue. Dans cet article, j'écrivais :

> *« La technique a envahi le champ de la connaissance, au détriment notable de la lecture, de la réflexion, de la méditation. Aujourd'hui, elle n'est plus seulement l'auxiliaire de la production industrielle, mais aussi de l'information, de la révolution sanitaire et plus encore génétique, et de tant d'autres « progrès ». Elle offre, c'est vrai, des possibilités nouvelles et inouïes à la recherche, et par suite à l'amélioration de la vie humaine sur bien des plans.*
> *Mais la fascination est toujours ambiguë, comme le rappelle d'emblée le fameux épisode de la tentation dans le livre de la Genèse : « La femme vit que l'arbre était bon à manger et séduisant à voir, et qu'il était, cet arbre, désirable pour acquérir le discernement » (Gn 3,6). La fascination est trompeuse, joue sur l'apparence, suggère plus qu'elle n'offre*

---

[1]   Par exemple article https://proveritate.fr/2019/10/09/le-mirage-technologique-ne-cesse-de-fasciner/

vraiment, invite à aller plus loin au mépris des avertissements reçus, avant de décevoir et d'inciter au renouvellement. C'est le processus classique qui se déroule dans ce que les chrétiens appellent « le péché », et dont eux-mêmes ou d'autres perçoivent les conséquences, par exemple dans ce que l'on nomme aujourd'hui « obsolescence ».

Voilà exactement ce qui se produit chaque jour et dont nous sommes les témoins autour de nous, particulièrement dans les débats parlementaires en cours sur la loi bioéthique. Je note en passant que les promoteurs des évolutions « inéluctables » et qu'il faudrait accueillir au plus vite sont souvent des « techniciens », médecins, généticiens ou autres, rarement des philosophes. Ceux-là, sous des formes très différentes, et je pense par exemple à Marianne Durano avec son ouvrage « Mon corps ne vous appartient pas », ou à François-Xavier Bellamy avec son livre « Demeure », sont nettement plus réservés et invitent à une prudence qui n'a plus trop cours.

Il faut dire que la technique a pris une telle part dans nos vies quotidiennes, avec une telle rapidité, que l'on ne voit plus trop bien ce qui pourrait ou devrait l'arrêter : qui est capable aujourd'hui de se séparer de son smartphone, ou pour les plus jeunes (?) de sa console de jeux, plus de trois jours ? A la vérité, les produits de la technique ont ceci de redoutable qu'ils asservissent autant qu'ils rendent service ! ».

La peur de l'autre

Les recommandations liées à la pandémie sont bien connues : ne pas s'approcher, ne pas toucher etc. Il ne s'agit pas seulement de constater qu'elles tiennent chacun à distance de l'autre, elles contribuent à faire de cet autre une menace. Quel est cet autre ? On pense au voisin, à la personne de rencontre, mais il ne faudrait pas oublier dans la liste Dieu, ou l'image que je m'en fais, et sans doute aussi moi-même, dans la mesure où je me connais mal ou, à l'inverse, parfois trop bien, au moins sur certains points.

Je reviendrai sur cette peur de l'autre dans la partie biblique de cet ouvrage, parce qu'elle y est fort bien représentée, mais elle est connue de tous : l'autre est différent de moi, et c'est heureux, mais à ce seul titre, il est dangereux pour moi, pour mes convictions, pour la réalisation de mes projets car il peut devenir un concurrent pour ma manière de penser, d'être ou de faire. Et il accuse mes manques !

A titre de constat et non de jugement, je note que cette peur de l'autre se manifeste clairement aujourd'hui dans les réactions face aux migrants, surtout lorsque ceux-ci professent la religion musulmane.

La peur d'être « en retard sur le progrès »

Ah ! le progrès... François-Xavier Bellamy, philosophe autant qu'homme politique, l'a fortement et justement mis en cause dans tous ses avatars dans son livre *Demeure* : le prétendu progrès sera toujours en avant de nous pour nous contraindre à la mobilité. Bien sûr, la peur qu'il provoque n'a pas grand-chose à voir avec celle de la mort ou celle de l'autre que je viens d'évoquer, mais c'est une forme de peur quand même, celle de rester sur place, de décrocher, et de se retrouver en marge du monde. Finalement, celle d'être seul et manquant de tout ! Et elle explique pour une part la grande difficulté de nos gouvernants à s'engager dans de vrais changements économiques.

Au moment où j'écris ces lignes, se pose la question du développement de la 5G, autrement dit la 5e génération des standards pour la téléphonie mobile. Beaucoup de personnes s'interrogent sur l'opportunité d'un tel protocole, compte tenu de ses éventuelles conséquences sanitaires, mais surtout de ses exigences en termes d'énergie dans une société « sur-consommatrice » par rapport aux possibilités que peut offrir notre planète.

Le président de la République, sur ce sujet très écologique et sur quelques autres, avait donc sollicité un comité de 150 personnes pour engager une réflexion. En remettant son rapport, qui prônait entre autres une réflexion prudente avant tout engagement dans la 5G, les membres de ce comité avaient entendu de la bouche même du Président qu'il tiendrait rigoureusement compte des propositions faites.

Mais comme chacun sait, les promesses n'engagent que ceux qui les écoutent et non pas ceux qui les font. Si bien qu'Emmanuel Macron, sans aucune concertation préalable, vient de décider que la France ne pouvait se mettre en retard sur le progrès, et qu'elle allait donc pousser le développement de la 5G.

La peur du déclassement et du vide

Il y aurait bien d'autres manifestations de la peur à évoquer, mais je vais terminer ma liste avec celle du déclassement et du vide. Je ne pense donc pas ici au vide qui se manifeste par exemple dans le vertige, bien qu'elle me concerne, mais plus simplement au fait de se retrouver personnellement à l'écart, sans activités, sans soutiens, sans projets, vide. Solitude que j'ai déjà un peu évoquée plus haut.

Une fois de plus, comme celle du retard sur le progrès, certains lecteurs pourront se demander s'il faut vraiment ici parler de peur. Pourtant, la hantise du manque y est flagrante. Il est vrai qu'il ne s'agit pas d'une peur manifeste, déclarée, mais, pour être cachée ou souterraine, elle n'en est pas moins présente et souvent violente.

Elle touche par exemple des politiques qui, après avoir connu leur part d'honneurs, se retrouvent soudain, pour des raisons diverses, écartés du « jeu » et sans soutiens. L'un de mes amis, bien introduit dans ce milieu, m'expliquait le jeu en question par le moyen de la métaphore « vassal/suzerain » : chaque vassal défend « sa terre » avec opiniâtreté et parfois violence, dans la mesure où elle l'assure d'un lien avec un suzerain qui le protège et, éventuellement, le fait grandir dans le jeu. La perte de cette terre le livre seul, sans défenses, face à une horde de loups qui se tiennent toujours prêts à occuper le

14

terrain délaissé. Dans certains cas, elle a conduit le politique au suicide !

Il y a bien dans cette situation, et dans beaucoup d'autres (cf. les variétés de « placardisation ») une peur de la perte, et en définitive du vide. Ce qui explique bien, du reste, pourquoi beaucoup de ceux qui voient cette perte se profiler sont toujours prêts à « retourner leur veste » pour se vendre au plus offrant.

J'en viens donc maintenant aux textes bibliques qui nous offrent un éclairage très intéressant sur cette question de la peur.

LA PEUR DANS L'ANCIEN TESTAMENT

« N'ayez pas peur ! » Telle fut la monition du pape Jean-Paul II le 22 octobre 1978 pour l'inauguration de son pontificat :

« N'ayez pas peur ! Ouvrez, ouvrez toutes grandes les portes au Christ : à sa puissance salvatrice, ouvrez les frontières des États, des systèmes politiques et économiques, les immenses domaines de la culture, de la civilisation et du développement. »

Mais peut-on ne pas avoir peur ? La peur n'est-elle pas une dimension de l'histoire humaine qui l'accompagne depuis son origine ? Si bien qu'on ne saurait s'étonner qu'elle soit à nouveau très présente en un temps de pandémie comme celui que nous connaissons actuellement et qui pourrait bien durer : n'approche pas, tiens-toi à distance, fais attention, n'oublie pas ton masque…

S'étonner, sans doute pas, mais s'interroger sur son origine, sa permanence, sa diffusion, et surtout ses néfastes conséquences anthropologiques, voilà ce que je voudrais faire au moyen d'un parcours biblique.

Avec un préalable largement connu mais qu'il faut sans doute rappeler. La Bible connaît deux termes pour évoquer deux réalités proches mais différentes : la crainte de Dieu, qui a pour origine sa grandeur et qui se traduit plutôt par de l'adoration, et la peur proprement dite, face à des puissances ou des forces supérieures qui manifestent mes manques, et qui devrait se traduire, mais on va voir que ce n'est pas toujours le cas, par une fuite ou un recul.

Une peur intrinsèque à la condition humaine

Le livre biblique de la Genèse constitue une magnifique description de la condition humaine à son origine. Dans son rapport à Dieu, mais aussi dans son rapport à un autre humain et en elle-même. Or, la peur y est présente, sinon d'emblée, du moins très vite :

« J'ai entendu ton pas dans le jardin, répondit l'homme ; j'ai eu peur parce que je suis nu et je me suis caché. » (Gn 3,10)

Voilà une phrase très intéressante. La peur d'Adam, autrement dit de l'Homme, n'est pas à confondre ici avec la crainte qu'inspire Dieu puisqu'Adam se trouvait, avant son péché, face à Lui sans en manifester aucun trouble. Pour le rédacteur, la peur est née de « la nudité » d'Adam : mais de quoi s'agit-il ? On pense à la nudité physique, évoquée au verset 7, et qui a conduit Adam et Eve à se protéger de pagnes, mais il est peu probable qu'il s'agisse d'elle.

En fait, Adam et Eve découvrent juste qu'ils ne sont pas Dieu, qu'ils sont au mieux, selon la promesse du serpent, « comme des dieux » (verset 5) : ils sont donc des *êtres de manque* ! Ils ont voulu, contre la demande de Dieu, s'emparer du fruit de l'arbre de vie : loin d'y gagner quoi que ce soit, ils

18

se découvrent « mortels ». *Ils ont perdu la vie éternelle qui était la leur, face à Dieu.* Ce que symbolisera peu après leur expulsion du Paradis, lieu de cette vie éternelle.

Dès lors, conscient de sa faiblesse, de ce vide qui le touche, ne vivant plus au Paradis où régnait la concorde, où rien ne manquait, chaque homme voit dans tout autre homme un concurrent, une menace, quelqu'un qui pourrait, que l'on me passe l'expression, « lui pomper l'air ». Oui, après la chute, l'homme devient un loup pour l'homme, *homo homini lupus* !

De la peur du vide à la peur de l'autre

La peur fait désormais partie des gènes de n'importe quel être humain. Dans la Bible, l'illustration en est évoquée dès le chapitre qui suit la faute d'Adam et Eve, avec l'histoire de Caïn et d'Abel : Caïn ne supporte pas que l'offrande d'Abel, son frère pourtant, ait été acceptée par Dieu et que sa propre offrande ait été refusée. Caïn tue donc Abel. Avant de répondre à Dieu qui l'interroge : « suis-je le gardien de mon frère ? » (Gn 4,9). Ainsi, la peur se manifeste dans ce rapport à l'autre que j'ai déjà évoqué, et elle se présente ici avec ses accents propres : jalousie, violence, déni de responsabilité.

Faut-il voir dans la motivation de Caïn une peur dont je n'ai rien dit jusqu'à maintenant, la peur de n'être pas aimé ? Ici de Dieu, et plus généralement de ses frères ? Impossible de le savoir à partir du texte.

Allons voir ce qu'il en est dans la suite des récits bibliques.

La peur au fil de l'Ancien Testament

La peur n'est pas entrée un jour du temps dans le monde, elle en est partie constitutive après la chute d'après le livre de la Genèse. Aussi, quand Dieu se manifeste dans ce monde, il invite à chasser la peur. La monition « n'aie pas peur » devient un classique de la littérature biblique ancienne, en particulier chez les prophètes : Is 10,24 ; 37,6 ; 54,4 ; Jr 10,5… Un passage très significatif se trouve chez le prophète Ezéchiel :

« Pour toi, fils d'homme, n'aie pas peur d'eux, n'aie pas peur de leurs paroles s'ils te contredisent et te méprisent et si tu es assis sur des scorpions. N'aie pas peur de leurs paroles, ne crains pas leurs regards, car c'est une engeance de rebelles. » (Ez 2,6)

Ce qui justifie cette assurance est la présence divine à côté du prophète, ou plutôt dans sa bouche. Ce qui ne le protège en rien, au contraire, des conséquences douloureuses de son annonce. Nul mieux que Jérémie ne s'est exprimé sur ce point :

« Reconnais [Seigneur] que je subis l'opprobre pour ta cause. Quand tes paroles se présentaient, je les dévorais : ta parole était mon ravissement et l'allégresse de mon cœur. Car c'est ton Nom que je portais, Seigneur, Dieu Sabaot. Jamais je ne m'asseyais dans une réunion de railleurs pour m'y divertir. Sous l'emprise de ta main, je me suis tenu seul, car tu m'avais empli

de colère. Pourquoi ma souffrance est-elle continue, ma blessure incurable, rebelle aux soins ? Vraiment tu es pour moi comme un ruisseau trompeur aux eaux décevantes ! » (Jr 15,15-18).

La peur bien sûr ne touche pas que les prophètes, elle s'abat sur le peuple lorsqu'il doit faire face à des ennemis, en particulier lors de son départ d'Egypte, de son périple dans le désert, et de son installation sur une terre de lait et de miel. La tentation est grande de l'évacuer en comptant sur ses propres forces, mais c'est toujours un échec : il faut le redire, la peur est partie intégrante de notre condition humaine.

Si bien que le meilleur, ou plutôt le seul moyen de l'écarter ou de la maîtriser est de faire appel à Dieu. Les textes bibliques nous en offrent de nombreux exemples, mais j'aime particulièrement celui du livre des Juges dans lequel Gédéon et Israël doivent affronter Madiân :

« *Le Seigneur dit à Gédéon : "Le peuple qui est avec toi est trop nombreux pour que je livre Madiân entre ses mains ; Israël pourrait en tirer gloire à mes dépens, et dire : C'est ma propre main qui m'a délivré ! Et maintenant, proclame donc ceci aux oreilles du peuple : Que celui qui a peur et qui tremble, s'en retourne et qu'il observe du mont Gelboé." 22.000 hommes parmi le peuple s'en retournèrent et il en resta 10.000.*

Le Seigneur dit à Gédéon : "Ce peuple est encore trop nombreux. Fais-les descendre au bord de l'eau et là, pour toi, je les éprouverai. Celui dont je te dirai : Qu'il aille avec toi, celui-là ira avec toi. Et tout homme dont je te dirai : Qu'il n'aille pas avec toi, celui-là n'ira pas."

Gédéon fit alors descendre le peuple au bord de l'eau et le Seigneur lui dit : "Tous ceux qui laperont l'eau avec la langue comme lape le chien, tu les mettras d'un côté. Et tous ceux qui s'agenouilleront pour boire, tu les mettras de l'autre." Le nombre de ceux qui lapèrent l'eau avec leurs mains à leur bouche fut de 300. Tout le reste du peuple s'était agenouillé pour boire.

Alors le Seigneur dit à Gédéon : "C'est avec les 300 hommes qui ont lapé l'eau que je vous sauverai et que je livrerai Madiân entre tes mains. Que tout le peuple s'en retourne chacun chez soi." » (Jg 7,2-7)

Et les 300 hommes l'ont emporté sur Madiân, grâce à un concert très bruyant de cors et de cruches vides qui a terrorisé les Madianites ! Ce n'est donc pas, comme on le dit souvent, le nombre qui fait la force quand la peur est là, mais bien l'assistance divine. Du moins aux yeux du croyant.

Je reviens pour ce très bref parcours sur le prophète Jérémie déjà cité, dans la mesure où celui-ci, sans cesse persécuté, a dû affronter la peur à d'innombrables reprises, et qu'il s'est montré dans ces circonstances une belle figure anticipatrice de Jésus.

Cette peur se manifeste au tout début de sa mission, lorsqu'il est choisi par Dieu :

« Ne dis pas : « Je suis un enfant ! » car vers tous ceux à qui je t'enverrai, tu iras, et tout ce que je t'ordonnerai, tu le diras.

N'aie aucune crainte [peur] en leur présence car je suis avec toi pour te délivrer, oracle du Seigneur. » (Jr 1, 7-8)

En fait, c'est une constante chez les prophètes : quand Dieu les appelle, ils sont tentés de fuir en invoquant tel ou tel manque. Il existe comme une « peur de l'élection ». Ainsi par exemple Moïse en Ex 3,11 :

« *Moïse dit à Dieu : « Qui suis-je pour aller trouver Pharaon et faire sortir d'Égypte les Israélites ? »*

Ou encore Amos en Am 7,14-15 :

« *Amos répondit et dit à Amasias : « Je ne suis pas prophète, je ne suis pas frère prophète ; je suis bouvier et pinceur de sycomores. Mais le Seigneur m'a pris de derrière le troupeau et le Seigneur m'a dit : « Va, prophétise à mon peuple Israël. »*

Jérémie, comme tous les prophètes, a dû faire face à la contradiction, et il en a relaté les conditions dans des passages tel celui que j'ai cité plus haut. Mais cela ne l'a pas fait dévier de sa route, et la peur ne l'a pas saisi lui, mais plutôt ses contradicteurs. Il avait mis sa confiance en Dieu. Et cette assurance se vérifiera, comme on le verra plus loin, auprès de Jésus.

DEPASSER LA PEUR

La peur est là en tout être humain, originelle, disons le mot « naturelle ». La Bible nous dit qu'elle procède du fait que, n'étant pas Dieu, nous sommes limités, en manque. La technique, qui est devenue si prégnante en notre monde, prétend combler ce manque, mais ne nous propose et ne nous proposera toujours que des ersatz, des produits de remplacement qui ne font que mettre en valeur le manque et l'accentuer. D'où le fameux « toujours plus » si caractéristique des sociétés que l'on dit « développées ».

Nous devons donc vivre avec la peur, mais cela ne veut pas dire que nous devons nous plier à ses caprices. Mais est-il vraiment possible de la « dépasser » comme on le dit souvent ? Comment peut-on s'y prendre ?

« A la force du poignet »

Qui n'a entendu au moins une fois dans sa vie une personne assurer : « Untel a dépassé sa peur 'à la force du poignet' » ? Comment cela peut-il se faire ? Les psychologues ont l'habitude de dire : en l'affrontant. Autrement dit, en la reconnaissant, en prenant certains moyens tel que le contrôle de la respiration, en utilisant à son profit l'énergie qu'elle génère, et en se fixant des sortes de créneaux, d'étapes sur le chemin. Toujours plus loin.

Loin de moi l'idée de nier que cet affrontement puisse produire du fruit. Mais s'agit-il vraiment d'un dépassement ? On sait en effet que, la tension retombée, un retour sur l'événement fait remonter la peur : elle n'a pas été dépassée, mais seulement enfouie un temps pour « faire face ». En fait, le manque n'a pas disparu.

La prétention du terroriste

Une autre forme de dépassement peut apparaître dans l'élan du terroriste qui va tuer en sachant parfaitement qu'il existe de fortes chances pour qu'il soit tué à son tour. Nous sommes ici dans une forme de « nous n'avons rien à perdre ». Rien à perdre et, pour certains tout à gagner en rejoignant le paradis virginal des terroristes !

Gagner sa vie en perdant la sienne, je peux le comprendre et j'y reviendrai bien sûr en contexte chrétien. Mais en supprimant celle des autres, non, c'est inacceptable. Et, pour rester sur la question de la peur, je note que la finalité du terroriste n'est pas de la dépasser, ce qu'il « réussit » peut-être pour un temps (souvent le dernier pour lui, hélas !) à titre personnel, mais au contraire de la diffuser, de lui donner le maximum d'ampleur !

La peur est naturelle !

Le terroriste joue avec la peur, la sienne et celle des autres, mais il ne la dépasse pas. En fait, il faut le redire, la peur est naturelle ! Du moins après le péché comme nous l'ont rappelé Adam et Eve en se cachant de Dieu (Gn 3,10). Dès lors, l'absence de peur ne peut être qu'inconscience, disons même « inhumanité », à moins qu'elle ne soit don de Dieu.

Dès lors, il n'est pas étonnant que Jésus la mentionne à plusieurs reprises comme présente chez ses disciples. En voici quelques exemples pris dans le seul évangile de Matthieu :

« *Pourquoi donc avez-vous peur, gens de peu de foi ?* » (Mt 8,26)

« *Pris de peur, ils se mirent à crier.* » (Mt 14,26 ; voir aussi v. 30, Pierre en train de couler)

« *Relevez-vous et n'ayez pas peur !* » (Mt 17,7)

Au risque de perdre sa vie

Dans les évangiles, Jésus affirme :

« *Qui veut sauver sa vie la perdra, qui perd sa vie à cause de moi et de l'évangile la sauvera.* » (Me 8, 35 ; Mt 16, 25 ; Le 9, 24).

A entendre le maître, certains pourront avoir l'impression que la prétention chrétienne n'est pas très éloignée de celle du terroriste ! Mais il n'en est rien pour plusieurs raisons. Je vais en donner trois :

1. La première est que l'enjeu de ce renoncement n'est pas la mort des autres et la diffusion de la peur, mais bien leur vie et l'éloignement de toute peur.

2. D'ailleurs, ils ont accepté de perdre leur vie « à cause de Jésus et de l'évangile », autrement dit pour ouvrir aux hommes des perspectives chassant toute peur. En l'occurrence, en les appelant à la paix et en leur donnant les vrais moyens d'y parvenir par une vie conforme à celle qu'a vécue Jésus et qu'il demandait à ses disciples. C'est ainsi en effet qu'ils pourraient, et dès maintenant sur cette terre, trouver la vie éternelle et bienheureuse qu'ils n'avaient pas cessé de chercher.

3. La troisième enfin est que la perte n'est pas toujours choisie volontairement : tous les martyrs chrétiens ne se sont pas précipités d'enthousiasme vers la mort, mais ils ont dans un premier temps fui le sort qui leur était promis. Avant de l'accepter en comprenant qu'il serait bénéfique pour le bien des autres.

LA VIE SANS PEUR... ET SANS REPROCHE

Comme je l'ai indiqué dans l'introduction, le titre de mon livre fait évidemment référence au chevalier Bayard, connu pour être « sans peur et sans reproche ».

Maintenant, puisque nous appartenons au monde du péché, nous est-il possible de vivre sans cette peur, dont j'ai déjà souligné le caractère très naturel ? Il me semble qu'il n'est pas d'autre moyen que de vivre déjà avec les pieds sur la terre et la tête dans le ciel. Comme l'a fait Jésus, et comme l'apôtre Paul en donnera un bel exemple.

Jésus vient chasser la peur

La peur se rencontre souvent dans le Nouveau Testament. Peut-on dire que Jésus l'a connue ? Il ne semble pas. Même au moment le plus douloureux de sa vie, à Gethsémani, alors qu'il paraît douter de la présence de Dieu son père à ses côtés, il ne faiblit pas et se reprend :

« Jésus tomba face contre terre en faisant cette prière : « Mon Père, s'il est possible, que cette coupe passe loin de moi ! Cependant, non pas comme je veux, mais comme tu veux. » » (Mt 26,39 // Lc 22,42).

En revanche, la peur est très présente chez les protagonistes de l'histoire. Chez les disciples bien sûr :

> « *Pourquoi avez-vous peur, gens de peu de foi ?* » (Mt 8,26)
> « *Les disciples, le voyant marcher sur la mer, furent troublés : "C'est un fantôme", disaient-ils, et pris de peur ils se mirent à crier.* » (Mt 14,26)
> « *Pierre, voyant le vent, prit peur et, commençant à couler, il s'écria : "Seigneur, sauve-moi !"* » (Mt 14,30)
> « *A cette voix, les disciples tombèrent sur leurs faces, tout effrayés. Mais Jésus, s'approchant, les toucha et leur dit : "Relevez-vous, et n'ayez pas peur".* » (Mt 17,6-7) etc.

Mais aussi chez les adversaires ou les auditeurs de Jésus :

> « *Mais, tout en cherchant à arrêter Jésus, les grands-prêtres et les pharisiens eurent peur des foules, car elles le tenaient pour un prophète.* » (Mt 21,46 ; cf. Mc 12,12)
> « *Les gens de la ville arrivent auprès de Jésus et ils voient le démoniaque assis, vêtu et dans son bon sens, lui qui avait eu la Légion, et ils furent pris de peur.* » (Mc 5,15 ; cf. Lc 8,37) etc.

La recommandation de Jésus tourne donc souvent autour de cette peur, en invitant ses disciples à la chasser. En voici quelques exemples, en tenant compte du fait que le terme grec traduit ici par crainte est bien *phobos*, qui est le mot pour peur :

« Joseph, fils de David, ne crains pas de prendre chez toi Marie, ta femme : car ce qui a été engendré en elle vient de l'Esprit Saint. » (Mt 1,20)

« A cette vue, Zacharie fut troublé et la crainte fondit sur lui. Mais l'ange lui dit : "Sois sans crainte, Zacharie, car ta supplication a été exaucée ; ta femme Elisabeth t'enfantera un fils, et tu l'appelleras du nom de Jean. » (Lc 1,12-13)

« Ne craignez rien de ceux qui tuent le corps, mais ne peuvent tuer l'âme. » (Mt 10,28)

« Vos cheveux même sont tous comptés. Soyez sans crainte ; vous valez mieux qu'une multitude de passereaux. » (Lc 12,7) etc.

La foi comme remède à la peur

Quand Jésus vient à la rencontre de ses disciples apeurés, par exemple dans l'épisode de la barque ballotée par les flots, il s'en prend à leur manque de foi :

« Il leur dit : "Pourquoi avez-vous peur, gens de peu de foi ?" Alors, s'étant levé, il menaça les vents et la mer, et il se fit un grand calme. » (Mt 8,26 ; cf. Mt 14,31 ; 16,8 etc.)

A l'inverse, il loue la foi de ceux qui se tournent vers lui pour les raisons les plus diverses, souvent des guérisons : ainsi en va-t-il du centurion pour son « enfant » (Mt 8,10.13), des amis d'un paralytique (Mt 9,3), d'une femme souffrant d'écoulements de sang (Mt 9,22) etc.

Or, pour beaucoup d'esprits contemporains, la foi est une illusion fragile qui ne saurait expliquer de telles guérisons. J'aime alors citer un verset du livre du prophète Isaïe :

« *Si vous ne croyez pas, vous ne vous maintiendrez pas.* » (Is 7,9)

La traduction française ne rend pas compte du fait que « croire » et « se maintenir » traduisent un même terme hébreu, le verbe *Aman*, celui que l'on retrouve dans le fameux « Amen ». Une telle affirmation pose que la foi est en elle-même un principe solide sur lequel chacun peut prendre appui, en particulier dans l'adversité. La raison en est claire, en particulier dans le contexte du chapitre 7 du livre d'Isaïe : croire conduit à s'appuyer sur la puissance de Dieu, qui vient combler nos manques, et non sur nos propres forces.

Eh ! bien, c'est exactement ce que demande Jésus à ses disciples, la seule chose qui puisse effacer leur peur. Cela n'a rien d'évident, et, je l'ai fait remarquer plus haut, Jésus lui-même semble vaciller à Gethsémani, alors que ses disciples dorment et que Judas va le trahir. Mais n'ont-ils pas appris de Jésus une vérité que l'Ancien Testament n'a fait qu'ébaucher (Dt 32,6), à savoir que Dieu est Père ? Dès lors, les êtres humains sont ses enfants, et « quel Père donnera à ses enfants une pierre quand ceux-ci lui demandent du pain » (cf. Lc 11,11) ?

Je n'oublie pas que la Croix reste un passage obligé sur le chemin de tous ces êtres humains, comme elle l'a été pour Jésus : mais cela n'a rien à voir avec un abandon par Dieu, et moins encore avec une sorte de jeu morbide. Cette Croix ignominieuse est le fruit du péché de l'homme que Jésus, et les chrétiens après lui, prennent sur eux pour retrouver le chemin de la vie éternelle. Elle est douloureuse et conduit à toutes formes de mort, elle fait peur, et c'est normal, mais elle est en fait source et chemin de vie quand on la porte à la suite de Jésus.

Vivre déjà sur terre la vie du ciel

La peur était absente du jardin d'Eden, elle sera à nouveau absente de la Jérusalem céleste, après la défaite des puissances adverses dont le livre de l'Apocalypse se fait l'écho. Mais il n'est pas nécessaire d'attendre le Jugement dernier pour qu'il en soit ainsi : cette défaite est acquise par la résurrection de Jésus d'entre les morts.

La vie du ciel nous est donc proposée dès aujourd'hui. J'avais insisté sur ce point dans mon livre *Nous n'avons qu'une seule vie*[2], et je m'appuyais en particulier sur une affirmation de la préface n° 6 des dimanches dans la tradition catholique :

« Dans l'existence de chaque jour que nous recevons de ta grâce, la vie éternelle est déjà commencée. »

---

[2] Paris, Cerf, 2020.

Si nous ne la voyons pas encore, elle n'en est pas moins là, et toute la vie chrétienne doit consister à la laisser monter. De telle sorte que nous rejoignions la fameuse parole de Paul :

« *Si je vis, ce n'est plus moi qui vis, c'est le Christ qui vit en moi.* » (Ga 2,20)

Les modalités sont celles proposées par cette parole, à savoir le renoncement à soi-même, la désappropriation.

Face à cela, se dresse la peur qui provoque deux types de comportements paradoxaux :

- Soit l'on ne veut pas perdre ce que l'on a et que l'on connaît bien : emploi, famille, argent, situation sociale…
- Soit, et à l'inverse, l'on craint de reconnaître et d'accueillir ce que l'on connaît peu ou mal, ici surtout la vie éternelle et, plus généralement, l'amour dont Dieu aime chacun de nous et par lequel il veut nous guider.

Dans les deux cas, il s'agit d'un risque à prendre que nous fuyons par peur d'y perdre « notre moi », du moins tel que nous le percevons. Ce moi « perçu » est opposé au moi « reçu » que Dieu veut nous donner. Et la question se pose de savoir quelle image de Dieu se trouve derrière notre appréhension.

Dieu, père fouettard ?

Pour illustrer la première manière dont agit la peur, on peut se reporter à la parabole suivante, que l'on peut dire « de l'homme riche » ou bien du « capitaliste ».

> *« Il y avait un homme riche dont les terres avaient beaucoup rapporté. 17 Et il se demandait en lui-même : Que vais-je faire ? Car je n'ai pas où recueillir ma récolte.*
>
> *18 Puis il se dit : Voici ce que je vais faire : j'abattrai mes greniers, j'en construirai de plus grands, j'y recueillerai tout mon blé et mes biens, 19 et je dirai à mon âme : Mon âme, tu as quantité de biens en réserve pour de nombreuses années ; repose-toi, mange, bois, fais la fête.*
>
> *20 Mais Dieu lui dit : Insensé, cette nuit même, on va te redemander ton âme. Et ce que tu as amassé, qui l'aura ? 21 Ainsi en est-il de celui qui thésaurise pour lui-même, au lieu de s'enrichir en vue de Dieu. »* (Lc 12,16-21)

Certes, il n'est pas dit que ce capitaliste a eu peur : ce serait plutôt a priori l'inverse. Mais son audace repose sur ses seules forces, sur l'assurance qu'il pense avoir de jouir de biens qu'il considère comme siens. Son absence de peur n'est pourtant pas totale : il tient à tout garder pour lui, la surabondance le préoccupe, il craint de ne pouvoir en profiter. De fait, sa richesse personnelle est vaine, il ne pourra en jouir.

Je note toutefois que ce n'est pas sa richesse comme telle qui est reprochée à l'homme, mais le fait de ne la gérer qu'à son profit. Il n'est pas appelé au dépouillement, il ne lui est pas dit, comme ce sera le cas pour un autre personnage de l'évangile souvent appelé « le jeune homme riche » :

« Une seule chose te manque : va, ce que tu as, vends-le et donne-le aux pauvres, et tu auras un trésor dans le ciel ; puis, viens, suis-moi. » (Mc 10,21 ; cf. Mt 19,21)

Notre homme riche est tout simplement, si l'on peut dire car ce n'est jamais chose facile, invité à se comporter comme si ces richesses n'étaient pas siennes, à « avoir » comme s'il n'avait pas. En tout cas, pas pour lui.

Je voudrais maintenant évoquer la fameuse parabole dite des talents (Mt 25,14-30), ou sa jumelle dite des mines (Lc 19,11-27), qui illustre la deuxième manière dont la peur agit. Elle montre bien l'image que tant d'hommes et de femmes se faisaient et se font encore de Dieu.

Rappelons qu'elle met en scène un homme qui, avant de partir en voyage, distribue sa fortune entre trois serviteurs : il donne cinq talents à l'un, deux talents à un deuxième, un talent à un troisième. Il faut insister sur le verbe « donner » car le maître ne cherchera pas à reprendre ce qu'il a donné, ni ne demandera « de comptes », mais seulement « compte ».

Les deux premiers font fructifier le don reçu, et en tirent bénéfice, quand le troisième l'enfouit. Et voici ses paroles :

24 Vint enfin celui qui détenait un seul talent : Seigneur, dit-il, j'ai appris à te connaître pour un homme âpre au gain : tu moissonnes où tu n'as point semé, et tu ramasses où tu n'as rien répandu. 25 Aussi, pris de peur, je suis allé enfouir ton talent dans la terre : le voici, tu as ton bien.

26 Mais son maître lui répondit : Serviteur mauvais et paresseux ! tu savais que je moissonne où je n'ai pas semé, et que je ramasse où je n'ai rien répandu ? 27 Eh bien ! tu aurais dû placer mon argent chez les banquiers, et à mon retour j'aurais recouvré mon bien avec un intérêt. 28 Enlevez-lui donc son talent et donnez-le à celui qui a les dix talents. » (Mt 25,24-28)

Cette parabole a fait l'objet d'un commentaire célèbre de la psychanalyste Marie Balmary dans son livre *Abel ou la traversée de l'Eden* (Grasset, 1999). Elle y montre comment le troisième serviteur, que l'on a spontanément tendance à plaindre de son rejet par son maître, avait d'emblée une image fausse du maître en question, celle qu'il évoque d'ailleurs : il en a peur ! Dès lors, il ne fait pas confiance, il enfouit le talent, et se contente de le rapporter quand son maître l'invite.

Qu'on me permette une digression qui n'en est pas vraiment une, parce qu'elle illustre à mes yeux comment on peut passer par les deux faces du paradoxe.

Pour connaître plusieurs familles ayant accueilli en leur sein un enfant handicapé, parfois lourdement, je sais que leur première réaction, tout à fait compréhensible, est la douleur et l'incompréhension, voire le rejet, souvent doublées d'une culpabilité angoissante. La peur est bien là, celle de l'inconnue que représente l'enfant et son avenir.

Mais je sais aussi que celles qui acceptent de porter cette croix à la suite de Jésus témoignent souvent d'une peur dépassée, voire même d'une joie surnaturelle qu'elles ne pouvaient a priori imaginer.

En fait, ces familles, après avoir conçu sous le coup de la peur et de l'incompréhension qu'elle engendre une image de Dieu comme père Fouettard, le reconnaissent après coup comme un vrai père, un homme d'attention et de miséricorde. Et leurs manquent, paradoxalement, finissent par les combler !

L'EXEMPLE DE SAINT PAUL

Les lecteurs de saint Paul savent sans doute que l'apôtre parle peu de lui. Quand il le fait, par exemple en Ph 3,4-9, il se définit avant sa rencontre avec Jésus ressuscité sur le chemin de Damas comme « persécuteur de l'Eglise » (Ph 3,6 ; cf. aussi 1 Co 15,9 ; Ga 1,13 ; 1 Tm 1,13) :

« 4 J'aurais pourtant sujet, moi, d'avoir confiance même dans la chair ; si quelque autre croit avoir des raisons de se confier dans la chair, j'en ai bien davantage :
5 circoncis dès le huitième jour, de la race d'Israël, de la tribu de Benjamin, Hébreu fils d'Hébreux ; quant à la Loi, un Pharisien ; 6 quant au zèle, un persécuteur de l'Eglise ; quant à la justice que peut donner la Loi, un homme irréprochable.
7 Mais tous ces avantages dont j'étais pourvu, je les ai considérés comme un désavantage, à cause du Christ. 8 Bien plus, désormais je considère tout comme désavantageux à cause de la supériorité de la connaissance du Christ Jésus mon Seigneur. A cause de lui j'ai accepté de tout perdre, je considère tout comme déchets, afin de gagner le Christ, 9 et d'être trouvé en lui, n'ayant plus ma justice à moi, celle qui vient de la Loi, mais la justice par la foi au Christ, celle qui vient de Dieu et s'appuie sur la foi. »

Mais pourquoi donc Paul persécutait-il les chrétiens ? Le texte de Ph 3 en donne une raison : il s'agissait de répondre à la justice de la Loi telle que Paul la comprenait alors. En complétant notre information avec ce que le même Paul dit en Ga 3,13, à savoir que quiconque « pend au gibet » est maudit par la Loi mosaïque, nous comprenons que sa conscience de pharisien ne pouvait qu'être profondément choqué par le culte que les chrétiens, juifs d'origine comme lui, rendaient à Jésus crucifié.

Paul craignait pour sa foi de Juif pieux comme pour la leur, il avait peur d'une influence qui s'étendait, il s'est donc mis au service des grands-prêtres pour déraciner la foi chrétienne. Oui, Paul était mû par la peur !

Mais voici qu'il rencontre le Ressuscité sur le chemin de Damas. Ne pensons pas qu'aussitôt ses yeux se soient ouverts : d'après Luc, dans les Actes des Apôtres, ils se sont plutôt fermés (Ac 9,8). Même si le lecteur d'aujourd'hui est conscient qu'en rapportant les choses ainsi, et en ajoutant que la cécité a duré trois jours (Ac 9,9), Luc veut présenter la rencontre de Damas comme le baptême de Paul.

Quoi qu'il en soit, alors qu'il est certain que Paul a mis du temps pour comprendre « la hauteur, la largeur et la profondeur » (cf. Ep 3,19) de sa rencontre avec Jésus, il semble bien que la peur l'ait quitté. Après trois ans de « retraite », il va se lancer sur les routes pour annoncer l'évangile, rencontrant de multiples obstacles comme il l'évoque en 2 Co 11, 21-27 :

« Je le dis à votre honte ; c'est à croire que nous nous sommes montré faible... Mais ce dont on se prévaut - c'est en insensé que je parle --, je puis m'en prévaloir, moi aussi.

Ils sont Hébreux ? Moi aussi. Ils sont Israélites ? Moi aussi. Ils sont postérité d'Abraham ? Moi aussi.

Ils sont ministres du Christ ? (Je vais dire une folie !) Moi, plus qu'eux. Bien plus par les travaux, bien plus par les emprisonnements, infiniment plus par les coups. Souvent j'ai été à la mort.

Cinq fois j'ai reçu des Juifs les 39 coups de fouet ; trois fois j'ai été battu de verges ; une fois lapidé ; trois fois j'ai fait naufrage. Il m'est arrivé de passer un jour et une nuit dans l'abîme !

Voyages sans nombre, dangers des rivières, dangers des brigands, dangers de mes compatriotes, dangers des païens, dangers de la ville, dangers du désert, dangers de la mer, dangers des faux frères ! Labeur et fatigue, veilles fréquentes, faim et soif, jeûnes répétés, froid et nudité ! »

Mais quel est donc le secret de cette assurance, traduction du terme grec *parrhésia* que l'apôtre utilise souvent (cf. 2 Co 3,12 ; 7,4 ; Ep 6,19 ; Ph 1,20) ? La réponse nous est largement donnée dans le texte de Ph 3 déjà mentionné :

« 7 Mais tous ces avantages dont j'étais pourvu, je les ai considérés comme un désavantage, à cause du Christ. 8 Bien plus, désormais je considère tout comme désavantageux à cause de la supériorité de la connaissance du Christ Jésus mon Seigneur. A cause de lui j'ai accepté de tout perdre, je considère

tout comme déchets, afin de gagner le Christ, 9 et d'être trouvé en lui, n'ayant plus ma justice à moi, celle qui vient de la Loi, mais la justice par la foi au Christ, celle qui vient de Dieu et s'appuie sur la foi. »

Ainsi, Paul a-t-il renoncé à tous les avantages que lui conférait son élection comme Juif, et son engagement comme Pharisien : il a pris le risque de tout perdre pour « gagner le Christ et être trouvé en lui ». Il s'est désapproprié de lui-même, il a accueilli le manque.

Mais il faut aller plus loin et s'arrêter à l'ensemble des lettres de Paul pour considérer la question que je posais un peu plus haut dans ce chapitre : quelle image l'apôtre s'est-il faite de Dieu après la rencontre de Damas ? Une image qui a pu fonder, justifier cette désappropriation, et lui donner l'élan qui fut le sien. La réponse est simple : il l'a reconnu comme son véritable Père.

Dieu père dans les lettres de Paul

Dans ce petit opuscule sur la thématique de la peur, s'intéresser à celle de Père chez Paul peut sembler une préoccupation tout à fait périphérique. Mais je crois que la réalité est toute différente.

En premier lieu, parce que l'un des enseignements majeurs que Jésus laisse à ses disciples, et qui est assez peu conforme aux usages de son temps, est cette reconnaissance de Dieu tout à la fois comme son Père et leur Père : « Notre Père qui es aux cieux... ».

Bien sûr, cet appel à la reconnaissance d'une paternité divine peut être diversement reçu selon l'histoire personnelle des uns et des autres, et très précisément selon le rapport que chacun a eu ou a encore avec son père de la terre : j'ai pu le vérifier auprès de plusieurs amis. Mais il reste qu'il s'agit clairement d'une invitation originale, qui conduit chacun à reconnaître en l'autre un frère, et à former une famille unie. Sans peur.

Ensuite, alors que les lettres de Paul manifestent peu de contacts clairs avec l'enseignement du Christ, parce qu'il le prolonge plus qu'il ne le commente, l'appellation Père et la finalité donnée à chacun de devenir « fils dans le fils unique » sont des points de contact flagrants. A preuve entre autres le qualificatif Père souvent associé à Dieu au début des lettres, et surtout quelques phrases du chapitre 8 de la lettre aux Romains que voici :

« Nous savons qu'avec ceux qui l'aiment, Dieu collabore en tout pour leur bien, avec ceux qu'il a appelés selon son dessein. Car ceux que d'avance il a discernés, il les a aussi prédestinés à reproduire l'image de son Fils, afin qu'il soit l'aîné d'une multitude de frères. » (v. 28-29)

Oui, au même titre que la filiation divine de Jésus, la paternité divine de Dieu est une constante de l'enseignement et de la vie de l'apôtre Paul. Dès lors, en renonçant aux avantages qu'il tenait de son enracinement dans le judaïsme traditionnel, il se remet entre les mains de ce Père qui lui a fait miséricorde sur le chemin de Damas afin d'être trouvé en Christ : cette justice qui lui fait défaut, il ne la tient plus de l'observance de la loi mosaïque, et en fait de lui-même, mais de Dieu par la foi au Christ.

Ce renoncement est si total qu'il écarte toute peur de Paul et lui donne une entière liberté de pensée et d'action. Et l'apôtre se montre alors, autant ou plus que le chevalier Bayard, comme un exemple de vie chrétienne, « sans peur et sans reproche ».

ENVOI

N'est-il pas complètement utopique de se reposer sur la paternité divine, et donc de faire de chacune des personnes de notre terre un frère, alors même que celui-ci cherche par exemple les moyens de me tuer ?

Cette question est celle que plusieurs commentateurs ont posée en commentant la dernière encyclique du pape François, *Tous frères*. Mais les propos du pape ne me semblent pas viser une réalisation immédiate de la part de ses lecteurs, ce qui serait de fait utopique, mais leur indiquer un but à atteindre, et une ou des manières d'y parvenir.

Et le pape François perçoit bien lui aussi l'importance de la paternité divine :

« Nous, croyants, nous pensons que, sans une ouverture au Père de tous, il n'y aura pas de raisons solides et stables à l'appel à la fraternité. Nous sommes convaincus que « c'est seulement avec cette conscience d'être des enfants qui ne sont pas orphelins que nous pouvons vivre en paix avec les autres ». En effet, « la raison, à elle seule, est capable de comprendre l'égalité entre les hommes et d'établir une communauté de vie civique, mais elle ne parvient pas à créer la fraternité. » (§272)

Le « Nous, croyants », qui semble vouloir dépasser le cadre chrétien, m'interroge sur la véritable universalité de cette perception. Mais je serais ravi qu'il en soit ainsi !

Table des matières